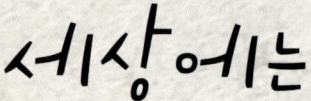

세상에는

재미있는 것들이 많아요.

매일매일
즐겁게 놀 수 있어요.

함께 놀
친구들도 많아요.

으앙~

마음대로 되지
않을 때도 있어요.

죄송합니다

어느 날

작은 강아지가

우리 집에 왔어요.

우린

금세

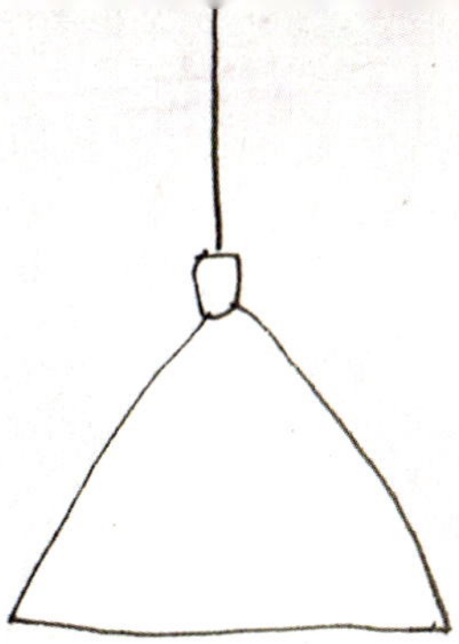

친구가 될 수 있었어요.

초코와 나는

멋지고 용감한 일들을
함께했어요.

그리고

몸도, 마음도
조금씩 커져갔어요.

아주 가끔은
다투기도 했지만

위로받고 싶은
날에도

우린, 함께했어요.

언제부터인지

초코는

눈이 잘 안보이기
시작했어요.

그리고 잠꾸러기가
되어갔어요.

어느 날

우리가 헤어져야 할
시간이 오고야 말았어요.

우리는 함께했던
시간들을 추억하며

우리 별에선 더 이상
초코를 볼 수 없어요.

하지만

가끔씩
초코가 곁에 있는 것
같은 느낌이 들어요.

오늘, 모두가 잠들면
널 만나러 갈게.

최고의 친구였어.

야호~!

너의 별에서도 영원히 행복해.

_____ 야,
넌 나의

_____

for Sean

글. 최재웅, 강성일 / 그림. 이보람
펴낸 날 / 2021년 11월 11일 2쇄 발행
펴낸 곳 / (주)폴앤마크
주소 / 경기도 성남시 분당구 판교동 190-4
전화 / 031-718-0199
이 책의 저작권은 (주)펫포레스트와 (주)폴앤마크에 있습니다.
저작권법에 의해 한국 내에서 보호를 받는 저작물이므로
무단 복제, 수정 배포 행위를 금합니다. 잘못된 책은 바꿔 드립니다.

'초코'는 왜 무지개다리를 건너요? 무지개 마을이 뭐예요?

무지개다리는 초코와 같은 아이들이 세상을 떠나게 될 때 건너는 다리에요
다리를 건너게 되면 무지개 마을이 나오게 되는데,
그곳에는 아이들이 좋아하는 모든 것이 준비되어 있는 우리 아이들의 천국이에요.
거기서 우리를 기다리지요. 그리고, 우리가 오면 헤어지지 않아도 되는 장소.
거기가 무지개 마을이에요.

아하! 그럼 '초코'가 무지개 마을로 간다는 걸 어떻게 알 수 있어요?

지구에서 하던 일들을 점점 하지 않으려고 해요. 힘이 점점 빠지고, 숨소리가 작아지고요.
구석으로 들어가서 숨으려고 할 거예요. 아마 심장에 손을 대보면 심장도 점점 조그맣게 뛸 거예요.
눈의 초점도 흐려지고, 먹지도 마시지도 않으려고 한다면 '초코'가 떠나려고 하는 거예요.

'초코'가 무지개 다리로 가면 바로 헤어져야 해요?

아니요. '초코'가 가면 나도 많이 힘들거에요. 먼저, 충분히 슬퍼하는 시간을 가져요. 급하지 않아도 돼요.
'초코'가 완전히 세상에서 떠나기 전 72시간 동안은 마음을 달래는 시간이니까요. 천천히 보내줄 거예요.
고마운 이야기도, 못했던 이야기도, 미안한 이야기도, 아직 해주지 못했던 사랑도 전달해 주면서요.

'초코'에게 해 줄 수 있는 일은 없어요?

있어요! '초코'가 편안하게 무지개다리로 갈 수 있도록 도와줄 수 있는 일들이에요.
이제부터는 잘 보고 기억해 줘요.

1. 코 확인하기

어느 날 갑자기 활발하던 '초코'가 움직이지 않는다면, 가장 먼저 숨이 멈췄는지 확인해야 해요. 심장박동과, 맥박 그리고 숨소리를 잘 들어보세요. 만약 '초코'가 무지개다리를 건넜다면 2시간 정도가 지났다면 코가 말라 있을 거예요.

2. 이빨 고정하기

누운 상태에서 혀가 바깥으로 나오게 되고, 딱딱하게 굳으면서 이빨이 혀를 눌러 잘못하면 계속 피가 날 수 있어요. 혀를 입 안으로 넣어주고 물티슈나 탈지면으로 어금니 쪽을 고정시켜주세요.

3. 딱딱해진 몸이 부드러워지기를 기다리기

'초코'의 몸을 부드럽게 해주기 위해 계속 주물러주면
오히려 더 다칠 수 있어요. 경직된 몸이 자연스레 부드러워질 때까지 조금 기다려주세요.

4. 머리에 베게 받쳐주기

배에 물이 차있거나 장기 내부에 손상이 있다면 '초코'의 코와 입으로 물이 나올 수 있어요. '초코'를 편하게 눕힌 후 집에 있는 수건 등을 한두 번 접어서 목에 받쳐주고 머리를 조금 올려주세요.

5. 눈 감겨주기

'초코'의 눈이 떠져 있다면, 손가락으로 위아래 눈꺼풀을 살짝 잡아서 감겨주세요. 잘되지 않으면, 억지로 감기지 말고 안대를 하듯이 마른 손수건으로 덮어주세요.

6. 목욕시켜주기

마지막으로 목욕을 시켜주셔도 돼요. 따뜻한 물로 씻겨 준 후 차가운 바람으로 털을 말려주세요. 조심해야 할 건 목을 다칠 수 있으니까 목을 조심히 고정해 준 상태에서 천천히 씻겨 주시면 돼요.

7. 마지막까지 안아주기

'초코'의 배웅을 위해 이동을 하게 된다면, 큰 타월로 조심히 감싸준 상태에서 목 부분이 다치지 않도록 조심히 받쳐준 다음, 머리 방향이 위쪽으로 향하게 해 조심히 안아 이동해 주시면 돼요.

'초코'는 일반적인 반려동물, 아이들을 통칭해서 사용했음을 알립니다.

포레스트 사우르스

생일 : 01월 23일
신장 : 앞꿈치를 높이 들면 내 무릎 높이
몸무게 : 한 손으로 들고 있을 때 편한 무게
특기 : 함께 있어주기, 말 들어주기, 같이 웃고 울어주기, 기다려주기, 위로해주기
취미 : 입에서 불 뿜으려고 노력하기, 날아보려고 시도하기, 칼싸움
좋아하는 것 : 편안함 낮잠, 라면, 초콜릿, 캔디, 장난감, 친구, 같이 놀기
싫어하는 것 : 혼자 놀기, 추위, 생선
자주 하는 말 : 꺄흥(기쁠 때). 포포(슬플 때)
특 징 : 꼬리가 움직임.
비 밀 : 코에서 불을 뿜을 수 있음.

이 저작물의 저작권은 (주)펫포레스트와 (주)폴앤마크에 있습니다.저작권법에 의해 한국 내에서 보호를 받는 저작물이므로 무단복제,수정,배포행위를 금합니다.